FACILIS

Méthode de Comptabilité

EN PARTIE DOUBLE SIMPLIFIÉE

PAR

G. GUIDA

Prix : 2 Francs

MARSEILLE
IMPRIMERIE MÉRIDIONALE
119, Boulevard National, 119

1906

FACILIS

Méthode de Comptabilité

EN PARTIE DOUBLE SIMPLIFIÉE

PAR

G. GUIDA

Prix : 2 Francs

MARSEILLE
IMPRIMERIE MÉRIDIONALE
119, Boulevard National, 119

1906

MÉTHODE DE COMPTABILITÉ

EN PARTIE DOUBLE SIMPLIFIÉE

Tout le monde sait que le bon fonctionnement d'un commerce grand ou petit, est dû à l'ordre dans les affaires.

Une maison qui tient sa comptabilité en règle n'aura jamais de surprises, car sa situation toujours à jour, lui permet de faire des dépenses ou de les ajourner suivant l'état des choses.

Jusqu'à présent, si la réclame, comme on dit, est l'âme du commerce, la comptabilité en est le cœur.

Cette dernière est souvent négligée par une grande partie de commerçants qui trouvent que la partie double est difficile à tenir, ou qui n'ont pas les moyens de faire appel à un comptable.

C'est à cette catégorie de commerçants que nous avons pensé. Nous leur avons préparé une méthode de comptabilité simple, claire, réunissant en même temps le « Journal » et le « Grand Livre » où l'on pourra se rendre compte, à n'importe quel moment, de la situation et de la marche des affaires.

Chacun pourra, par cette méthode, tenir sa comptabilité, car en outre des avantages d'avoir tout sous la main, on a la satisfaction de connaître exactement le chiffre de ses affaires.

Ainsi la comptabilité se résumera à :

1° Un livre de caisse ;

2° Un « Journal Grand Livre » ;

3° Un compte courant ;

4° Un échéancier.

Afin qu'on puisse comprendre facilement notre Méthode, nous donnons un exemple pour la tenue de comptabilité d'un commerçant en vins. Celui-ci débute avec un capital, dont une partie est par crédit, et nous arrêtons les comptes un mois après, pour prouver la facilité de cette tenue.

G. GUIDA.

JOURNAL - GRAND LIVRE

MOIS DE

	Date 1906		DÉNOMINATION DES ENCAISSEMENTS ET PAIEMENTS	Journal	
(1)	1	Janvier	Fond de commerce relevé de M. **A. A.** pour la somme de trois mille francs payables dans une année mensuellement, Marchandises...	500	»
			Matériel	2500	»
(2)		d°	Versé en Caisse par moi-même pour Capital...	6000	»
(3)		d°	Payé 1er semestre de loyer....................	300	»
(4)	2	d°	Payé facture A. B. pour liqueurs, etc..........	125	25
(5)		d°	Recette vente au détail....................	200	50
(6)		d°	Facture A. C. pour champagne, traite 31 janvier	525	»
(7)	3	d°	Recette vente au détail........................	323	45
(8)	4	d°	d° d°	100	50
(9)		d°	Régie pour liqueurs........................	33	40
(10)		d°	Facture A. D. pour vin, traite au 15 février....	250	50
(11)	6	d°	Recette vente au détail..........	153	»
(12)		d°	Achat bouchons et capsules............	100	50
(13)	15	d°	Recette vente au détail........................	123	»
(14)		d°	Remise facture à A. E........................	450	25
(15)		d°	Remise facture à A. F........................	320	50
(16)	17	d°	Recette vente au détail...	305	»
(17)		d°	Versement au Comptoir d'Escompte..	1000	»
(18)	27	d°	Recette vente au détail........................	340	»
(19)		d°	Encaissé facture A. E. du 15/1. Rabais 10 fr. 25	10	25
				440	»
(20)	31	d°	1er versement à A. A..	250	»
(21)		d°	Payé traite à A. C. pour champagne..........	525	»
(22)		d°	Retiré du Comptoir d'Escompte (chèque 15796)	1000	»
(23)		d°	Vente de fûts vides...........................	26	»
(24)		d°	Facture A. G. pour meubles..................	350	»
(25)		d°	Inventaire cave au 31 janvier..	474	»
			TOTAL..........		
(26)			A DÉDUIRE............		
			SITUATION A NOUVEAU.....		

JANVIER 1906

CRÉDITEURS				DÉBITEURS				CAISSE			
Doit		Avoir		Doit		Avoir		Doit		Avoir	
»	»	500	»	»	»	»	»	»	»	»	»
»	»	2500	»	2500	»	»	»	»	»	»	»
»	»	6000	»	6000	»	6000	»	6000	»	»	»
»	»	»	»	»	»	»	»	»	»	300	»
»	»	»	»	»	»	»	»	»	»	125	25
»	»	»	»	»	»	»	»	200	50	»	»
»	»	525	»	»	»	»	»	»	»	»	»
»	»	»	»	»	»	»	»	323	45	»	»
»	»	»	»	»	»	»	»	100	50	»	»
»	»	»	»	»	»	»	»	»	»	33	10
»	»	250	50	»	»	»	»	»	»	»	»
»	»	»	»	»	»	»	»	153	»	»	»
»	»	»	»	»	»	»	»	»	»	100	50
»	»	»	»	»	»	»	»	123	»	»	»
»	»	»	»	450	25	»	»	»	»	»	»
»	»	»	»	320	50	»	»	»	»	»	»
»	»	»	»	»	»	»	»	305	»	»	»
»	»	»	»	1000	»	»	»	»	»	1000	»
»	»	»	»	»	»	»	»	340	»	»	»
»	»	»	»	»	»	»	»	»	»	»	»
»	»	»	»	»	»	450	25	450	25	10	25
250	»	»	»	»	»	»	»	»	»	250	»
525	»	»	»	»	»	»	»	»	»	525	»
»	»	»	»	»	»	1000	»	1000	»	»	»
»	»	»	»	»	»	»	»	26	»	»	»
»	»	»	»	350	»	»	»	»	»	350	»
»	»	»	»	174	»	»	»	»	»	»	»
775	»	9775	50	14094	75	7450	25	9021	70	5694	40
»	»	775	»	7450	25	»	»	5694	40	»	»
»	»	9000	50	6644	50	»	»	3327	30	»	»

RAISONNEMENT

---

(1) Ayant acheté le fond de commerce à crédit, M. A. A. est notre créditeur de. 3.000 francs,c. à. d. 500 francs en marchandises et 2.500 francs en matériel.

Les 500 francs étant en marchandises, nous les portons dans les *Créditeurs Avoir* comme facture non payée, ainsi que les 2.500 francs.

Quoique cette somme, (2.500 fr.) qui forme une partie de notre capital n'ait pas été encore payée, nous sommes tout de même propriétaires, et pour que cette somme se trouve au Bilan à notre Crédit, nous la portons aussi dans la colonne *Débiteurs Doit*, car le capital est supposé être tel.

---

(2) La somme de 6.000 francs que nous versons, faisant aussi partie de notre capital, nous la portons également à *Débiteurs Doit*, mais cette somme devant servir comme fond de caisse, nous créditons immédiatement ce compte à *Débiteurs Avoir* pour débiter ensuite la caisse *Doit* de pareille somme.

Le capital étant créditeur de la caisse de 6.000 francs, nous les passons aussi dans la colonne *Créditeurs Avoir.*

Cette quadruple variation est indispensable pour équilibrer le compte Capital et notre Caisse, car nous empruntons 6.000 francs du Capital, pour les donner à la caisse.

(3, 4, 9, 12) Comme dépenses payées au comptant, nous les sortons directement par Caisse, colonne *Caisse Avoir.*

(5, 7, 8, 11, 13, 16, 18, 23) Encaissement de notre magasin au détail, nous les rentrons aussi directement en *Caisse Doit.*

---

(6) Facture A. C. pour champagne, etc :

Cette facture n'ayant pas été payée, M. A. C. est notre créditeur, ainsi, nous portons à son crédit *Créditeurs Avoir* la somme de 525 francs.

---

(10) MÊME VARIATION

(14, 15) « Remise facture à *A E* et *A F* »

Messieurs A. E. et A. F. n'ayant pas réglé leurs factures, sont nos débiteurs.

Nous portons à leur débit *Débiteurs Doit* les sommes de 450 fr. 25 et 320 fr. 50 jusqu'à règlement.

---

(17) « Versement au Comptoir d'Escompte 4.000 fr. »

Le Comptoir d'Escompte étant notre Débiteur, nous portons cette somme dans la colonne *Débiteurs Doit* et en même temps nous les sortons de notre caisse *Caisse Avoir*.

---

(19) Monsieur *A. E.* règle sa facture du 18 janvier avec un rabais de 10 fr. 25.

M. A. E. était notre débiteur, mais ayant réglé sa facture, son compte reste balancé. Nous portons par conséquent à son *Crédit Débiteurs Avoir*, la somme de 450 fr. 25, que nous faisons entrer intégralement en Caisse et portons dans les dépenses *Caisse Avoir* 10 fr. 25 de rabais.

---

(20) Nous faisons un premier versement de 250 francs à M. A. A. notre créditeur.

Cette somme doit être portée au débit de Monsieur A. A. dans la colonne *Créditeur Doit*, afin que son compte reste en diminution de 250 francs et nous les faisons sortir de *Caisse Avoir* car c'est la caisse qui paye.

---

(21) Payé traite A. C. etc.

En payant la traite de A. C. notre créditeur, son compte reste balancé.

Nous portons ainsi à son débit *Créditeurs Doit* la somme de 525 francs.

Cette somme ayant été payée par notre caisse, nous la faisons sortir dans la colonne *Caisse Avoir*.

---

(22) Retiré du Comptoir d'Escompte 1.000 francs.

Cette somme que nous prélevons du Comptoir d'Escompte doit être portée à son crédit *Débiteurs Avoir* et la rentrer en caisse.

---

(24) Nous achetons des meubles au comptant pour 350 francs que nous sortons de notre *Caisse Avoir*.

Cette somme formant aussi une partie de notre capital, passe dans la colonne *Débiteurs Doit*, que nous trouverons à notre Crédit à la clôture de nos comptes.

---

(25) Devant arrêter notre gestion, nous ajoutons l'in-

ventaire des marchandises existantes dans notre magasin, afin d'avoir notre situation parfaitement en règle.

L'inventaire étant considéré comme notre Débiteur, nous portons dans la colonne *Débiteurs Doit* c. à. d. à notre crédit, la somme de 474 francs.

---

(26) Nous arrêtons notre comptabilité en additionnant les six colonnes.

Nous déduisons à chaque partie *Créditeurs Débiteurs* et *Caisse* la somme la plus petite et nous aurons immédiatement notre situation.

Le résultat de notre « Journal Grand Livre » est :

On nous doit : *Caisse*..........	3.327 30		
Débiteurs divers	6.644 50	9.971 80	actif
Nous devons :			
Créditeurs divers		9.000 50	passif
Notre bénéfice est de francs ...		971 30	

Pourquoi les comptes détaillés des frais généraux et marchandises sont-ils exclus par cette méthode ?

Parce que :

Tous frais généraux étant des dépenses (c'est le titre qui le dit) n'ont pas de contre partie assez conséquente pour pouvoir ouvrir une colonne spéciale sur le Grand Livre.

D'abord cette colonne serait un double emploi, car les Dépenses seraient notées deux fois, et ensuite notre situation serait erronée, étant donné que le *Doit* des *Frais Généraux* n'est pas un crédit pour le commerçant.

Le compte marchandises est représenté par *Créditeurs, Débiteurs et Caisse, Doit* et *Avoir*.

Le mouvement et les variations de ces trois comptes,sont tellement liés l'un avec l'autre et d'accord, qu'un quatrième compte serait superflu.

Il donnerait dans ce cas, des complications d'écritures au lieu de simplifier.

Il suffit donc que ces comptes soient tout simplement détaillés sur le *Livre Comptes Courants,* afin de satisfaire le désir du commerçant.

Qu'est-ce qu'il demande le commerçant ?

De savoir :

1° Son solde en caisse ;
2° Ce qu'on lui doit ;
3° Ce qu'il doit.

NOTA

Quant aux effets remis à la Banque à l'encaissement, on peut facilement les enregistrer dans le " Journal-Grand Livre " comme toute autre opération, p. ex. :

On donne 1.000 fcs d'effets à la Banque X, concernant les factures de Y... et Z...

La Banque X étant supposée être Débiteur du Compte Effets, nous portons à son débit 1.000 fcs dans la *Colonne Débiteurs Doit*, tandis que le Compte Effets étant Créditeur de la Banque X on porte à son crédit la même somme *Colonne Créditeurs Avoir*.

Ainsi fait, nous n'avons aucun mouvement dans notre situation, jusqu'au jour où ces effets seront payés.

Dans ces cas on débite le Compte Effets à *Créditeurs Doit*, on crédite la Banque X à *Débiteurs Avoir* et on entre l'argent en *Caisse Doit*.

Ce n'est qu'à la suite de cette dernière variation, que nous faisons celle de Y... et Z... nos débiteurs, qui ont reglés leurs factures.

Il est utile d'ouvrir un *Compte Effets* dans le Livre *Comptes Courants*.

G. Guida

COMPTES COURANTS

Le Livre Comptes Courants est indispensable pour tout commerce, car il dénote les détails et le mouvement de tous les comptes.

A part du Capital, Caisse, Marchandises, Créditeurs, Débiteurs et Frais Généraux, on peut ouvrir d'autres comptes à Frais Généraux, suivant le désir du commerçant, et ceci pour se rendre compte de ce que rapporte tel ou tel autre article.

La comptabilité que nous démontrons représente celle d'un commerçant qui n'a pas d'autre objet que celui de connaître son Actif et son Passif.

DOIT

CAPITAL

1906				
Janvier	1	Fond de commerce de M A. A..........	1.	2500 »
»	1	Versement en espèces..................	1	6000 »
»	31	Achat de meubles......................	1	350 »
			Fr.	8850 »
Février	1	A nouveau...........................	1	8850 »

CAISSE

1906				
Janvier	1	Versement............................	1	6000 »
»	2	Recette..............................	1	200 50
»	3	»	1	323 45
»	4	»	1	100 50
»	6	»	1	153 »
»	15	»	1	123 »
»	17	»	1	305 »
»	27	»	1	340 »
»	»	» A. E........................	1	450 25
»	31	Chèque Comptoir d'Escompte...........	1	1000 »
»	31	Vente fûts vides.....................	1	26 »
			Fr.	9021 70
Février	1	A nouveau...........................		3327 30

M. A. A.

1906				
Janvier	31	1er versement.........................	1	250 »
		Pour balance.........................	1	2750 »
			Fr.	3000 »

1

AVOIR

1906				
Janvier	1	Prélèvement de caisse..................		6000 »
»	31	Pour balance à nouveau................		2850 »
			Fr.	8850 »
Février	1	A nouveau pour fond de caisse..........		6000 »

2

1906				
Janvier	1	Semestre loyer.........................		300 »
»	2	Dépenses marchandises.................		125 25
»	4	» »		33 40
»	6	» »		100 50
»	17	Versement Comptoir d'Escompte........		1000 »
»	27	Rabais facture A. E....................		10 25
»	31	Versement à A. A......................		250 »
»	»	Facture meubles.......................		350 »
»	»	Traite A. C............................		525 »
		Pour balance à nouveau................		3327 30
			Fr.	9021 70

3

1906				
Janvier	1	Son avoir pour fond de commerce.......	1	3000 »
			Fr.	3000 »
Février	1	A nouveau..............................		2750 »

M. A. C.

1906 Janvier	31	Payé traite du 2 janvier	1	525 »
			Fr.	525 »

M. A. D.

1906 Janvier	31	Pour balance	1	250 50
			Fr.	250 50

M. A. E.

1906 Janvier	15	Notre facture au 15/1	1	450 25
			Fr.	450 29

M. A. F.

1906 Janvier	15	Notre facture au 15/1	1	320 50
			Fr.	320 50
Février	1	A nouveau		320 50

AVOIR

4

1906 Janvier	2	Sa facture champagne, traite au 31 1....	1	525 »
			Fr.	525 »

5

1906 Janvier	4	Sa facture vin, traite au 15 2............	1	250 50
			Fr.	250 50
Février	1	A nouveau...........................		250 50

6

1906 Janvier	27	Solde facture 140 fr. Rabais 10 fr. 25......................	1	150 25
			Fr.	150 25

7

1906 Janvier	31	Pour balance à nouveau...		320 50
			Fr.	320 50

COMPTOIR D'ESCOMPTE

1906				
Janvier	17	Versement	1	4000 »
			Fr	4000 »
Février	1	A nouveau		3000 »

MARCHANDISES

1906				
Janvier	1	Facture A. A	1	500 »
»	2	» A. B	1	125 25
»	2	» A. C	1	525 »
»	4	Régie pour liqueurs	1	33 40
»	4	Facture A. D	1	250 50
»	6	Capsules	1	100 50
			Fr.	1534 65
Février	1	A nouveau		474 »

FRAIS GENERAUX

1906				
Janvier	1	1er semestre de loyer	1	300 »
»	27	Rabais sur facture A. E.		10 25
			Fr.	310 25

AVOIR

1909 Janvier	31	Chèque 15796	1	1000 »
		Pour balance à nouveau	1	3000 »
			Fr.	1000 »

9

1906 Janvier	23	Vente fûts vides	1	26 »
»	31	Sortie de cave	1	1034 65
»	31	Pour balance (Inventaire)	1	474 »
			Fr.	1534 65

10

1906 Janvier	31	Pour balance, profits et pertes	1	310 25
			Fr.	310 25

BILAN

	DOIT		AVOIR	
Capital	2850	»	6000	»
Caisse	3327	30	»	»
Créditeurs divers A. A......	»	»	2750	»
A. D......	»	»	250	50
Débiteurs divers A. F........	320	50	»	»
Comptoir d'Escompte............	3000	»	»	»
Inventaire cave...................	474	»	»	»
Bénéfices..........................	»	»	971	30
Fr.	9971	80	9971	80

Ces comptes, ayant été relevés du Livre de Comptes courants sont conformes à la situation du Journal-Grand-Livre.

G. GUIDA.

www.ingramcontent.com/pod-product-compliance
Lightning Source LLC
LaVergne TN
LVHW050511160826
845677LV00003B/1074

* 9 7 8 2 3 2 9 6 3 2 8 7 2 *